HERZLICHEN GLÜCKWUNSCH ...

zum Enkelkind

tosa

Großeltern – die beste Erfindung
seit Erfindung der Eltern.

Erst bei den Enkeln
ist man dann so weit,
dass man die Kinder
ungefähr verstehen kann.

Erich Kästner

*deutscher Schriftsteller, Publizist, Drehbuchautor
und Kabarettdichter (1899–1974)*

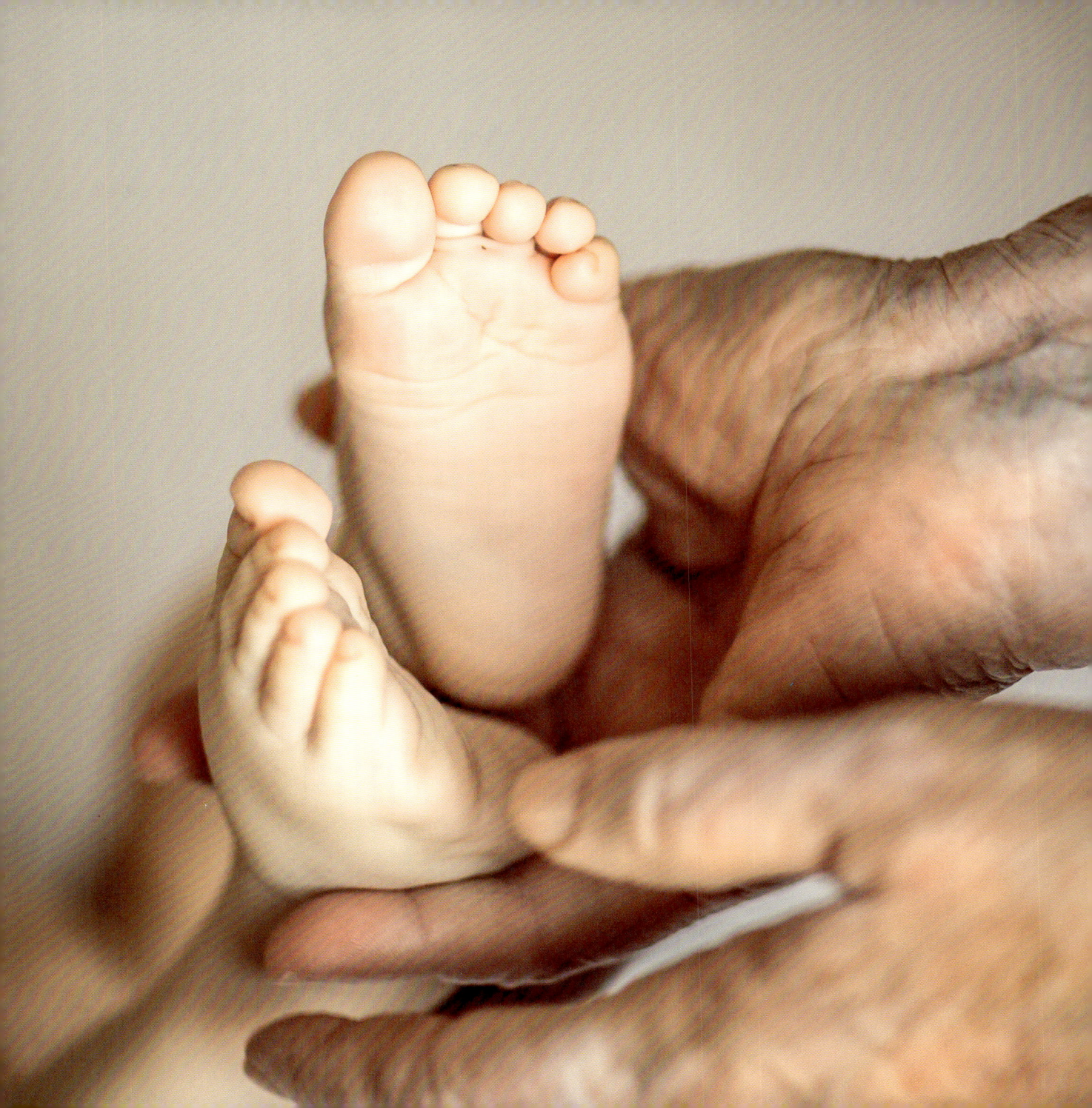

Ein Kind ist eine
sichtbar gewordene Liebe.

Novalis

deutscher Schriftsteller und Philosoph (1772–1801)

Erwachsen wird man
mit dem ersten Kind.
Zum Kind wird man wieder
gemeinsam mit dem
ersten Enkelkind.

Schenk einem Kind ein wenig
Liebe und du bekommst
eine Menge zurück.

John Ruskin

britischer Schriftsteller, Maler, Kunsthistoriker
und Sozialphilosoph (1819–1900)

Großelternsein heißt,
die schönsten Seiten des Elternseins
noch einmal zu erleben.

Ein Kind ist ein Buch,
aus dem wir lesen und
in das wir schreiben sollen.

Peter Rosegger

österreichischer Schriftsteller und Poet (1843–1918)

Großeltern können auch
konsequent sein: Sind die Enkel
zu Besuch, werden sie
konsequent verwöhnt.

Die Zeit mit den Enkelkindern
fühlt sich an Regentagen
wie Sonnenschein an.

Kinder sind der große Reichtum
unseres Lebens. Sie sind wie
kleine Sonnenstrahlen, die täglich
unseren Weg erhellen.

Eine Familie ist
mit einem Baum zu vergleichen:
Die Enkel sind die Blüten,
die die Welt bunt erstrahlen lassen.
Ihre Eltern sind die Äste,
die Kraft und Halt geben,
und ihre Großeltern die Wurzeln,
die alles zusammenhalten.

Welch wunderbares Geheimnis
ist der Eintritt eines neuen Menschen
in die Welt.

Lew Nikolajewitsch Tolstoi

russischer Schriftsteller (1828–1910)

Meine Hand ist zwar klein,
aber ich kann Oma und Opa
perfekt um den Finger wickeln!

Du kannst den teuersten Schmuck
auf Erden tragen, doch nichts
wird je so wertvoll sein
wie das Enkelkind in deinen Armen.

Es gibt kein schöneres Gefühl,
als von seinem Enkelkind ganz fest
in den Arm genommen zu werden.

Kinder erfrischen das Leben
und erfreuen das Herz.

Friedrich Schleiermacher
deutscher evangelischer Theologe, Philosoph
und Pädagoge (1768–1834)

Meistens nehmen die
kleinsten Menschen den
größten Platz
in unserem Herzen ein.

Im Menschenleben ist es
wie auf der Reise: Die ersten Schritte
bestimmen den ganzen Weg.

Arthur Schopenhauer

deutscher Philosoph (1788–1860)

Wenn ich gewusst hätte,
wie toll Enkelkinder sind,
hätte ich die zuerst bekommen!

Eine Glücksfee ohne Zauberstab
nennt man Oma.

Wenn Mama und Papa „Nein!" sagen,
dann frage ich eben Oma und Opa.

Enkelkinder sind wie eine
warme Decke an einem kalten Tag.
Wenn du sie festhältst,
spürst du eine liebevolle Wärme in dir.

Großelternsein heißt nicht,
dass man immer Ratschläge geben muss,
sondern dass man einen Rat hat,
wenn er benötigt wird.

Fakt ist:
Jeder hat Großeltern,
die heimlich Geld übergeben,
als wären sie Verbrecher.

Enkel sind der Lohn für das,
wofür man zuvor nie bezahlt wurde.

Oma und Opa sind wie Sterne:
Du kannst sie nicht immer sehen,
aber du weißt, sie sind
immer für dich da.

Darum liebe ich die Kinder,
weil sie die Welt und sich selbst
noch im schönen Zauberspiegel
ihrer Phantasie sehen.

Theodor Storm

deutscher Schriftsteller (1817–1888)

Auf die Enkel aufzupassen ist,
wie einen Horrorfilm zu schauen.
Wenn es still wird, passiert gleich
etwas Schlimmes.

Es ist erstaunlich,
was Großeltern können.
Aus Decken, Stühlen und Tischen
zaubern sie die schönsten Schlösser.

Schneeflocken und Enkelkinder
haben etwas gemeinsam –
sie sind wunderschön und einzigartig.

Manchmal meint das Schicksal
es sehr gut mit dir und schickt dir einen
wunderbaren Menschen in dein Leben,
der dir Halt gibt und dir immer
ein Lächeln ins Gesicht zaubert:
deinen Enkel.

Der Unterschied zwischen
„All You Can Eat" und „Essen bei Oma"?
Oma entscheidet, wann du satt bist!

Damals als Mama:
„Nein, du bekommst kein Eis mehr!"
Heute als Oma:
„Was, du willst nur eine Kugel Eis?"

Die schönste Musik ist
das Lachen eines Kindes.

Enkel sind der Lohn des Alters,
das schönste Geschenk.
Sie sind eine Gabe des Himmels:
süß, liebevoll und gefühlvoll.
Sie sind Balsam für die Seele.

GROSSELTERN, die:

erlauben alles, was
die Eltern verbieten; verwöhnen
und verzeihen; sind die liebsten
Menschen auf der Welt.

Pension Oma & Opa:
Vollpension, ganzjährig geöffnet,
Fahrservice, liebevolle Betreuung,
Urlaubsbetreuung für Haus und Garten.

Nach einem Besuch bei Oma und Opa
sind die Kinder erziehungstechnisch
wieder auf Werkseinstellung zurückgesetzt.

Was unsere Enkel tun werden,
hängt davon ab, was wir tun.

Hermann Graf Keyserling

deutschbaltischer Philosoph (1880–1946)

Die Geburt des Enkels ist für viele
das schönste Ereignis im Leben,
nach der Geburt des Kindes.
Sie sind der Himmel auf Erden.

Liebe muss blind sein,
denn Großeltern lieben ihre Enkel schon,
bevor sie sie sehen können.

Ein Enkelkind kann über deinen Schoß hinauswachsen,
aber nicht aus deinem Herzen.

Kinder anziehen im Winter:
Unterhose, Unterhemd, Strumpfhose,
Pulli, Hose, Jacke, Schuhe,
Mütze, Schal, Handschuhe.
„Opa, ich muss Pipi!"

Wenn die Enkel bei Oma sind,
dann werden sie verwöhnt.
So will es das Gesetz.

Die Kinder kennen weder
Vergangenheit noch Zukunft,
und – was uns Erwachsenen
kaum passieren kann –
sie erfreuen sich der Gegenwart.

Jean de La Bruyère

französischer Schriftsteller (1645–1696)

Was gut gepflanzt ist, wird nicht ausgerissen.
Was treu bewahrt wird, geht nicht verloren.
Wer sein Gedächtnis Söhnen und Enkeln
hinterlässt, hört nicht auf.

Laotse

chinesischer Philosoph (6. Jh. v. Chr.)

Enkelkinder sind wie Blumen.
Man wird nie müde, sie wachsen
zu sehen.

Großeltern sind da,
um Kindern zu helfen …
… Unfug zu machen,
auf den sie alleine nicht
gekommen wären.

Denke immer daran:
Für deine Enkel
bist du nicht alt,
du bist retro!

Großeltern halten ihr Wort,
die Hand des Enkels und die Familie
zusammen.

Oma und Opa zu werden heißt nicht,
alt zu werden. Ganz im Gegenteil!
Es bedeutet, dass das Leben noch eine
ganz besondere Aufgabe bereithält.

Oma hat immer
Küsse und Kekse
auf Vorrat.

Und wenn du denkst,
es geht nicht mehr,
kommt von irgendwo
Omas Nachtisch her.

Ich bin nicht bestechlich!
Außer mein Enkelkind
umarmt mich.

Um nichts in der Welt
würde ich meine Enkelkinder
ändern wollen.
Aber ich wünschte,
ich könnte die Welt
für meine Enkel ändern!

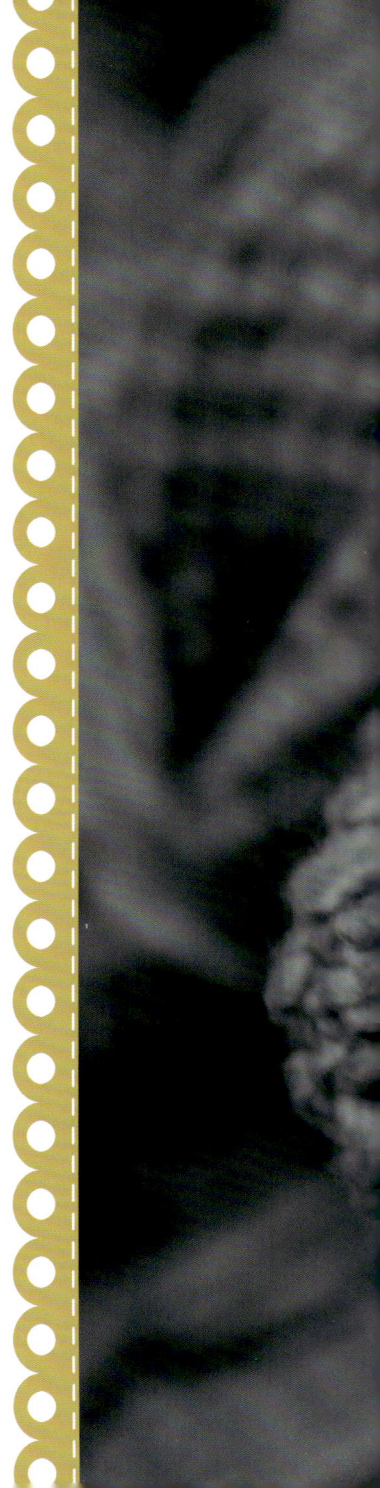

Keine Entfernung kann Großeltern
von ihren Enkeln trennen.
Im Herzen sind sie immer vereint.

NEIN, das *(Substantiv, Neutrum)*:
Wort, das im Wortschatz
von Großeltern nicht vorkommt.

© 2022 design cat GmbH

Genehmigte Lizenzausgabe
tosa GmbH
Industriestraße 19
64407 Fränkisch-Crumbach 2022
www.tosa-verlag.de

Idee und Projektleitung: Sonja Sammüller
Text, Layout, Satz und Umschlaggestaltung:
design cat GmbH

ISBN 978-3-86313-180-7

Druck und Bindung in der EU
POLYGRAF PRINT spol. s r. o.
Čapajevova 44
08001 Prešov, Slowakei
www.polygrafprint.sk

Bildnachweis:
Shutterstock: Africa Studio 38, 46; AlenKadr 21; Bas Nastassia 6;
BeautifulPicture 44; Billion Photos 26; carballo 37; Diliana Niko-
lova 22; Dream Perfection 9; F.Schmidt 42; FH_Photography 25;
fizkes 49; fokusgood 58; fotohunter 32; Halfpoint 16; Igisheva
Maria 62; KellyNelson Cover, 30; Lithiumphoto 4; Merydolla 15;
Natalia Deriabina 34; Photo-SD 52; PongMoji 10; Postolache_
Daniel 41; sklyareek 29; Smileus 12; STILLFX 56; Stokkete 55;
sun ok 50; sweet marshmallow 3; Syda Productions 18; vivver 61

Textnachweis:
Der Verlag hat sich bemüht, alle Rechteinhaber der aufgeführten
Zitate und Sprüche ausfindig zu machen. Trotz intensiver Recherche
konnten jedoch nicht alle ermittelt werden. Ist kein Verfasser an-
gegeben, so ist dieser unbekannt.